Bibliografische Information der Deutschen Nationalbibliothek:

Die Deutsche Bibliothek verzeichnet diese Publikation in der Deutschen National-
bibliografie; detaillierte bibliografische Daten sind im Internet über http://dnb.d-
nb.de/ abrufbar.

Impressum:

Copyright © 2015 GRIN Verlag, Open Publishing GmbH
Druck und Bindung: Books on Demand GmbH, Norderstedt Germany
ISBN: 9783668392762

Dieses Buch bei GRIN:

http://www.grin.com/de/e-book/351674/einfuehrung-in-hegels-geistphilosophie-
377-380-der-enzyklopaedie-der

Arne Laßen

Einführung in Hegels Geistphilosophie. §§377-380 der "Enzyklopädie der philosophischen Wissenschaften"

GRIN Verlag

GRIN - Your knowledge has value

Der GRIN Verlag publiziert seit 1998 wissenschaftliche Arbeiten von Studenten, Hochschullehrern und anderen Akademikern als eBook und gedrucktes Buch. Die Verlagswebsite www.grin.com ist die ideale Plattform zur Veröffentlichung von Hausarbeiten, Abschlussarbeiten, wissenschaftlichen Aufsätzen, Dissertationen und Fachbüchern.

Besuchen Sie uns im Internet:

http://www.grin.com/

http://www.facebook.com/grincom

http://www.twitter.com/grin_com

Ruhr-Universität Bochum
Lehrstuhl für Philosophie I

Studiengang:	MA Philosophie
Modul:	WM III c Kultur und Natur
Lehrveranstaltung:	030080 Hegels Anthropologie
Semester:	WS 2014/15

Verschriftlichung eines Referates als großer Leistungsnachweis

im Modul WM III c

Verschriftlichung des Referates zum Thema: Einführung zu Hegels Geistphilosophie (§§ 377-380)

Arne Laßen
eingereicht am: 27.10.2015

Studienfächer:	Philosophie und Religionswissenschaft
Fachsemester:	2

Inhaltsverzeichnis

1. Einleitung in die Referatsverschriftlichung

1.1 Überblick: Inhalt der Referatsverschriftlichung

Die vorliegende Arbeit stellt die Verschriftlichung eines Referates über die §§ 377-380 des dritten Teils der „Enzyklopädie der philosophischen Wissenschaften im Grundrisse"[1] G.W.F. Hegels dar. Das primäre Ziel dieser Verschriftlichung ist die Darstellung der referierten Paragraphen. Zur Kontextualisierung soll grob soweit in das philosophische System Hegels eingeführt werden, inwiefern es für die Darstellung des Inhaltes der Paragraphen in meinen Augen nötig erscheint. Weiterhin soll kurz in das Programm der „Enzyklopädie" als eine philosophische Disziplin, wie Hegel sie verstand, eingeführt werden.

Die besagte Enzyklopädie stellt eine Vorlesungsreihe dar, die Hegel ab 1816 an der Universität Heidelberg las. Die Manuskripte dieser Vorlesungsreihe wurden in späteren Auflagen erweitert und die späteren Herausgeber haben sie durch Zusätze ergänzt[2], welche aus Mitschriften der Studenten Hegels zusammengesetzt wurden. In diesen Vorlesungen las Hegel über sein philosophisches System, das er in der „Wissenschaft der Logik" erarbeite[3], welche 1812 und 1816 erschien und an welchem System Hegel bis zu seinem Tode weiter arbeitete. Es kann hier freilich nicht im Detail auf Hegels philosophisches System eingegangen werden, aber was für das Verständnis der zu untersuchenden Paragraphen meiner Ansicht nach relevant ist, soll in dem nächsten Kapitel ausgeführt werden.

1.2 Hinführung: Ein Abriss Hegels Systems

Die Logik bildet den ersten Teil des Systems. In ihr geht es, grob und in meinen Worten ausgedrückt, um die totale Struktur der Wirklichkeit, wie sie vor ihrer Verwirklichung, in reiner Form, vorliegt. Mit Röd gesprochen, geht es um die „Ideen, wie sie gleichsam vor der Schöpfung der Welt im Geiste Gottes waren"[4]. Das Göttliche sei bei Hegel als eine philosophische Idee zu verstehen, sodass man sich die Offenbarung des Göttlichen eher als Entfaltung dieser Idee vorzustellen habe und weniger als eine Mitteilung Gottes an die Menschheit[5]. In ihrer vollkommen verwirklichten Form nennt Hegel diese die absolute Idee[6], welche die bereits angesprochene, totale Struktur der Wirklichkeit umfassen soll. Trotz einer Aufhebung der Religion in der Philosophie, wie Hegel sie intendierte[7], bleibt sein theologischer Ausgangspunkt meiner Ansicht nach eine Hilfestellung, das Konzept dieser Idee besser zu verstehen. Denn ebenso wie die Idee des Reiches Gottes sich sukzessive

---

1   Im Folgenden „Enzyklopädie".
2   Vgl Röd, Wolfgang: Der Weg der Philosophie Band II. 17. bis 20. Jahrhundert, München 1996², S. 246.
3   Vgl. a.a.O. S. 246.
4   a.a.O. S. 257
5   Vgl. a.a.O. S. 248.
6   Vgl. etwa Fulda, Hans Friedrich: Georg Wilhelm Friedrich Hegel, München 2003, S. 118.
7   Vgl. Röd: Weg der Philosophie II, S.261.

in der Welt verwirklichen soll, handelt es sich bei der hegelschen Idee um einen sukzessiven Manifestationsprozess der allumfassenden Struktur der Wirklichkeit durch die Geschichte hindurch[8]. Meines Verständnisses nach bildet das Agens der Verwirklichung dieser Idee die Vernunft. In ihr sei die totale Struktur der Wirklichkeit enthalten und sie entfalte diese in der Wirklichkeit in einem besagten, geschichtlichen Prozess. Diese nicht subjektivistisch, sondern unabhängig vom Subjekt zu denkende Vernunft, wird von Hegel jedoch nicht nur als wirkendes Prinzip, sondern zugleich als ein zunehmendes Wissen von sich selbst qua Verwirklichung dieser totalen Struktur der Wirklichkeit verstanden. Kommt die Vernunft zum Grad der kompletten Transparenz, wenn sie sich also gänzlich selbst durchsichtig geworden ist bzw. sich selbst weiß, wird ihr höchster und vollkommener Ausdruck erreicht: die absolute Idee, welche wie bereits gesagt, die totale Struktur der Wirklichkeit umfasse[9].

Da die Vernunft, qua Agens der Struktur der totalen Wirklichkeit, das alles durchziehende, wirkende Prinzip ist, das zunehmend von sich als dieses weiß, kommt es bei der menschlichen Vernunfterkenntnis zu folgendem Umstand: Aufgrund der menschlichen Vernunft, welche Hegel ebenso als Vermögen beschreibt, Ganzheiten zu denken[10], ist der Mensch zu der Erkenntnis der Strukturen der Wirklichkeit in der Lage. Beachtet man zudem, dass die Vernunft auf dem Wege ihrer Selbstverwirklichung den Menschen in gewisser Weise durchschreite und auch dort das ihn obwaltende Prinzip darstelle, ergibt sich, dass wenn er diese Strukturen der Wirklichkeit erkennt, das subjektive, menschliche Wissen der Vernunft bzw. der Strukturen der Wirklichkeit nicht neben dieser Vernunft an sich steht und lediglich deren Verwirklichung beobachtet, sondern dass dieses Wissen einen Manifestationsprozess bzw. eine Äußerung der Vernunft im menschlichen Wissen auf dem Wege ihrer Selbstverwirklichung darstellt. Dieser Manifestationsprozess der absoluten Idee im Endlichen erschöpft sich allerdings nicht nur im menschlichen Subjekt, wie es an anderer Stelle etwas näher ausgeführt wird. Darüber hinaus stellt die Vernunft ebenfalls den Gegenstand der menschlichen Vernunfterkenntnis dar, sodass sich die Formel ergibt: „Die Vernunft ist Wissen des Absoluten"[11] und zwar sowohl im Sinne des Genetivus subjektivus, als auch des Genetivus objectivus[12]. Es ist die die Wirklichkeit durchschreitende Vernunft, welche sich im menschlichen, vernünftigen Wissen erkennt und erkannt wird.

Dieser geschichtliche Manifestationsprozess der Vernunft im Endlichen, der sich nicht nur im menschlichen Subjekt erschöpft, ist nach Hegel in zwei Hauptphasen einzuteilen, die wiederum zwei verschiedene Disziplinen in der philosophischen Betrachtung erfordern: eine Naturphilosophie

---

8 Vgl. a.a.O. S. 248.
9 Vgl. etwa a.a.O. S. 244 f.
10 Vgl. a.a.O. S. 248 f.
11 a.a.O. S. 245.
12 Vgl. a.a.O. S. 245.

und eine Philosophie des Geistes, von welchen die erstere in dem zweiten und und die letztere in dem dritten Teil der „Enzyklopädie" abgehandelt wird[13]. Wie es genau zu dieser Verwirklichung der absoluten Idee kommt bzw., was diese Idee veranlasst, sich aus dem Bereich des Absoluten, welcher losgelöst vom Endlichen zu denken ist, in das Endliche hinein zu begeben, wird von Hegel nicht besonders präzise ausgeführt[14]. Dieses Hineingleiten oder Herabfallen der Idee in das Endliche habe meines Verständnisses nach zunächst eine verdunkelnde – oder vorsichtiger ausgedrückt – zumindest eine modifizierende Wirkung auf die Idee. Der Manifestationsprozess beginne mit dem Umstand, dass „„die Natur [...] sich als die Idee in der Form des *Andersseins* ergeben [hat]'"[15]. Die Idee sei gewisser Weise in dieser Phase nicht bei sich selbst und von der Form der absoluten Idee weit entfernt. Sie umfasse zwar bereits die totale Struktur der Wirklichkeit in sich, sei aber in dieser Form der Verwirklichung ihrer selbst gemessen an dem Grad ihrer vollen Verwirklichung noch in einem defizitärem Zustand und der vollkommene Zustand werde erst erlangt, wenn die Vernunft sich als totale Struktur der Wirklichkeit gänzlich weiß, also eine Form von gänzlicher Selbstbezüglichkeit, Selbstidentifizierung und Selbstverwirklichung qua totaler Struktur der Wirklichkeit vorliege. Sei dieser Zustand erlangt, liege die Idee meines Verständnisses nach in der Form der absoluten Idee vor. Diese „„Wissenschaft der Idee in ihrem Anderssein [im Original kursiv]'"[16] nennt Hegel Naturphilosophie und sie behandelt all das, was „Gegenstand sinnlich bedingter theoretischer Erkenntnis"[17] ist. Nach Fuldas Verständnis Hegels steht das, was Gegenstand dieser Art von Erkenntnis ist, unter Naturgesetzen und sei daher bei Hegel als Natur zu bezeichnen[18]. Hegel ging von Stufen der Verwirklichung der absoluten Idee in der Natur aus, welche sich prozesshaft von der Materie löse und „über die materielle Form erhebt"[19]. Ab einem gewissen Grad der Loslösung der Idee von der Materie und des allmählichen zu sich selber Kommens, in welchem Prozess sie somit sukzessive zur absoluten werde, würden aufeinander folgende Bewusstseinsweisen entstehen [20] und es könne ab der Entstehung einer bestimmten Bewusstseinsweise von Subjektivität gesprochen werden[21].

1.3 Hegels Philosophie des Geistes und die §§ 377-380 als Einleitung

Wird der Bereich der Wirklichkeit betrachtet, in dem die Idee sich soweit auf dem Weg zu ihrer Verwirklichung befinde, dass es zu besagter Loslösung von der Materie und zu ersten Formen der Selbstreferenz komme, bewegt man sich laut Hegel in der Philosophie des Geistes, der Betrachtung

---

13 Vgl. Fulda: Hegel, S. 129 f.
14 Vgl. Röd: Weg der Philosophie II, S. 260.
15 a.a.O. S. 260.
16 Fulda: Hegel, S. 129.
17 a.a.O. S. 131.
18 Vgl. a.a.O. S.131.
19 Röd: Weg der Philosophie II, S. 260.
20 Diese hat Hegel in der „Phänomenologie des Geistes" einzeln abgehandelt. Dies kann hier nicht vertieft werden.
21 Vgl. a.a.O. S. 260.

der „„Idee, die aus ihrem Anderssein in sich zurückkehrt‴[22]. Und dieses in sich Zurückkehren interpretiere ich als den Prozessabschnitt der Verwirklichung der Idee, in dem sich allmählich eine Selbstreferenz einstelle, welche in besagter gänzlicher Selbstdurchsichtigkeit der Vernunft, die sich dann als absolute Idee wisse, münde. Ich verstehe den Begriff „Geist" in Anschluss an Fulda, der das „erscheinende wahre Wissen im Sinn der Hinführung des natürlichen Bewusstseins zur philosophischen Wissenschaft"[23] als das Thema Hegels „Phänomenologie des Geistes" tituliert, als Erscheinungsform eines partiellen, wahren Wissens um die Idee. Diese Erscheinungsform des Wissens könne verschiedene Grade annehmen und das Wissen um die Idee als die absolute sei die vollkommene. Die hier referierten Paragraphen stellen die Einleitung in Hegels Geistphilosophie und den Übergang der Naturphilosophie in jene dar. Er grenzt sie von anderen Betrachtungsweisen ab, gibt an, was er unter dieser Philosophie versteht und macht auf ihre Schwierigkeiten aufmerksam. Obwohl diese Philosophie zunächst eine ausschließliche Betrachtung der Leistungen und Vermögen des Bewusstseins und der besagten Bewusstseinsweisen vermuten lässt, umfasst die Geistphilosophie Hegels ebenso den Bereich des Rechtes. Diese aufgezählten Aspekte können auch als Spezifika des sogenannten „endlichen Geist[es]"[24] bezeichnet werden, da Menschen oder menschlichen Verhältnissen diese zugesprochen werden könnten[25]. Zusätzlich behandelt Hegels Geistphilosophie ebenfalls Spezifika des „unendlichen"[26] Geistes, welcher sich von Menschen in der Religion als Gott oder heiliger Geist vorgestellt werde und welcher „in einer spekulativ konzipierten Philosophie denkend zu begreifen"[27] sei. Weder die Themen des sogenannten objektiven Geistes, welcher neben weiteren Aspekten das Recht umfasst, noch die des absoluten Geistes, welcher die Themen Kunst, Religion und spekulative Philosophie umfasst[28], werden hier näher behandelt. Für das Konzept der sich als geschichtlich verwirklichenden Vernunft sei nur hinzugefügt, dass sie erst in der spekulativen Philosophie des absoluten Geistes gänzlich verwirklicht und sich durchsichtig sei und wir es in den besagten Paragraphen mit dem so genannten subjektiven Geist zu tun haben, der sich durch die „Form der Beziehung auf sich selbst [im Original kursiv]"[29] bzw. durch Selbstbezüglichkeit auszeichne und eine Stufe der Durchschreitung der Vernunft durch das Endliche ausmache.

---

22 Fulda: Hegel, S. 130.
23 a.a.O. S. 84.
24 a.a.O. S. 131.
25 Vgl. a.a.O. S. 131.
26 a.a.O. S. 131.
27 a.a.O. S. 131.
28 Vgl. Röd: Weg der Philosophie II, S. 261.
29 Fulda: Hegel, S. 182.

1.4 Die Enzyklopädie als philosophische Disziplin

Bei der „Enzyklopädie" handelt es sich um einen Grundriss des hegelschen Systems und Hegel ge-
brauchte diese als akademische Lehrschrift. Die begrifflich komprimierten und nummerierten Paragraphen, die den Urtext dieser Lehrschrift ausmachen, las Hegel den Studenten also zunächst vor
und nach jedem Paragraph folgte eine aufgefächerte Erläuterung des Inhalts. Dies sollte die textlich
höchst dichte Gestalt erklären. Die äußerst detaillierten und wortgenauen Mitschriften der Studenten
wurden zum Teil editiert, postum den einzelnen Paragraphen beigefügt und als Zusätze tituliert. Im
Gegensatz zu den Paragraphen, die eine Expertise in puncto Hegel voraussetzen, sind jene für eine
breitgefächerte Leserschaft angedacht, bei denen kein tieferes Studium der hegelschen Philosophie
vorausgesetzt wird. Ihre Aufgabe besteht darin, die komprimierten Inhalte der Paragraphen zu de-
chiffrieren[30]. Dies sollte die im Vergleich zu den Paragraphen eher detailliertere und erläuternde
Textgestalt der Zusätze und auch, so wie ich es empfinde, deren Variabilität deutlich machen.

Neben diesen pädagogischen Aspekten sieht Hegel in der Textform „Enzyklopädie" eine philosophische Disziplin, die in der Leibniz-Wolffschen Schulphilosophie ihren Anfang hat und dort eine
Einführung „in ein Ganzes von Wissenschaften nach irgendeiner sachbezogenen Gliederung"[31] darstellt. Im Anschluss an Kant fordert Hegel von dieser Disziplin jedoch mehr: Die Gliederung dürfe
nicht zufällig, sondern müsse vernünftig sein. Eine Idee des Ganzen der Wissenschaften solle der
Gliederung vorhergehen, welche jedem einzelnen Punkt dieser Gliederung eine Notwendigkeit in
ihrer Stellung verleihe. Jeder Punkt müsse in einem notwendigen Verhältnis zu den anderen und zu
der vorhergehenden Idee stehen und diese Verhältnisse sollen meines Verständnisses nach der Stellung jedes Punktes dessen Systematik verleihen. Diese Anforderung würde zudem neben einer for-
malen Wissenschafts-Systematik auch zu einer „vernunftgemäßen Deutung des *Inhalts* der Fachwissenschaften führen, soweit dieser nicht etwas bloß Positives ist"[32] und ein vernünftiges Verhältnis zu
den Fachwissenschaften und dem außerphilosophischem Erkennen implizieren, was ebenfalls auf
das vorhergehende Ganze gerichtet seien solle[33].

---

30 Vgl. a.a.O. S. 127 f.
31 a.a.O. S. 128
32 a.a.O. S. 128
33 Vgl. a.a.O. S. 132.

2. Darstellung des Inhaltes der §§ 377-380

2.1 § 377: Aufgabenbestimmung der Philosophie des Geistes und Abgrenzung zur Selbsterkenntnis im trivialen Sinne und der Menschenkenntnis

In der Philosophie des Geistes gehe es um die Erkenntnis des Geistes, welche mit einer Selbsterkenntnis in einem nicht trivialen Sinne gleichgestellt wird. Jene Art trivialer Selbsterkenntnis versteht Hegel als Kenntniserlangung über partikulare Eigenschaften und Fähigkeiten von Individuen. Bei der eigentlichen Selbsterkenntnis bzw. Erkenntnis des Geistes gehe es um die „Erkenntnis des Wahrhaften des Menschen"[34], welche mit der Erkenntnis des „Wahrhaften an und für sich"[35], also mit der in der Einleitung angesprochenen Struktur der totalen Wirklichkeit, der absoluten Idee, identisch sei.

So wie der Zusatz erläutert, liege die Schwierigkeit dieser Erkenntnis an der Form, in der die Idee hier vorliegt. Im Gegensatz dazu, die Idee in ihrer rein logischen Form zu erkennen, was im Zusatz als vergleichsweise einfach beschrieben wird, gehe es hier um die Erkenntnis der Idee in ihrer „konkretesten, entwickelsten Form"[36]. So wie ich es verstehe, müssten neben der Erkenntnis der reinen Idee auch alle Spezifika, die deren Verwirklichung mit sich bringe auf diese Idee zurückbezogen werden und dies mache die Schwierigkeit aus. So verstehe ich Hegel, wenn er schreibt, dass „die Betrachtung des Geistes […] nur dann in Wahrheit philosophisch [sei], wenn sie den Begriff desselben in seiner lebendigen Entwicklung und Verwirklichung erkennt […]."[37] Leider wird mir der Inhalt Hegels „Begriffs" hier nicht deutlich, aber ich halte es für zweckmäßig, ihn hier mit der logischen Idee, was ich als vernunftmäßigen Ausdruck der Idee verstehe, gleichzusetzen. Ich beziehe mich bei dieser Interpretation auf eine Textstelle, in der es um die Ableitung der Existenz von Gegenständen aus der logischen Idee geht, was an anderer Stelle näher beschrieben wird: „Dies geschieht, indem jeder besondere Begriff aus dem […] Begriff oder der logischen Idee abgeleitet wird."[38] So wie ich es sehe, scheinen sich Begriff und logische Idee sicherlich nicht gänzlich zu decken, aber eine Ähnlichkeit scheint da zu sein.

Der Geist, die Erscheinungsweise des Wissens um die Idee, ist hier mit dem menschlichen Selbst gleichzusetzen, bzw. das menschliche Selbst verstehe ich als eine bestimmte Form des Geistes und damit als eine bestimmte Erscheinungsweise des Wissens um die Idee. Und zwar wieder im Sinne des Genitivus subjectivus und des Genetivus objectivus. Die Vernunft weiß um sich selbst qua Verwirklichung der Idee in einem noch nicht komplettierten Modus und das menschliche Selbst ist

---

34 Hegel, G.W.F.: Enzyklopädie der philosophischen Wissenschaften III, Frankfurt am Main 2014⁹ S. 9.
35 a.a.O. S. 9.
36 a.a.O. S. 9.
37 a.a.O. S. 9.
38 a.a.O. S. 14.

Geist bzw. der Ausdruck dieses Wissens um sich selbst. Der menschliche Geist bzw. das menschliche Selbst bedürfe keiner externen Instanz, sondern ihm sei inhärent, sich als Verwirklichung der Idee zu erkennen. So gehöre es schlichtweg zur Natur des Geistes, seinen Begriff zu erkennen[39].

Die historische Voraussetzung dieser Selbstbezüglichkeit und Selbsterkenntnis liege in der christlichen Lehre der Menschwerdung Gottes[40]. Das Göttliche wurde bereits in der Einleitung bei Hegel als eine philosophische Idee beschrieben. Die Idee entfalte sich im Endlichen und eine Selbstbezüglichkeit stelle sich ein. Wenn der Mensch erkenne, dass Gott Mensch geworden sei, könne er einen Teil seines Selbst ebenfalls als etwas Göttliches erkennen. Dies sei der Ausgangspunkt für die besagte Selbsterkenntnis bzw. Erkenntnis des Wahrhaften an und für sich, die aber bei Hegel erst in der wahren Philosophie, noch nicht in der Religion, komplettiert sei.

Weiterhin wird in dem Zusatz die philosophische Betrachtung des Geistes von nicht philosophischen Betrachtungsweisen abgegrenzt: Weder die triviale Selbsterkenntnis, die unter Anderem mit der Erforschung der Schwächen und Fehler des Individuums zu tun habe, noch die Menschenkenntnis, welche die Eigentümlichkeiten einzelner Geister zum Gegenstand habe, sei für eine philosophische Betrachtung relevant[41]. Diese Betrachtungsweisen könnten sogar für die philosophische Betrachtung des Geistes eine defizitäre Wirkung haben, sofern sie den „substantiellen Charakter weltgeschichtlicher Individuen"[42] verkennen, die Geschichte auf zufällige Tätigkeiten irgendwelcher Individuen reduzieren und die göttliche Vorsehung der Geschichte somit untergraben könnten.

Hegels Konzept der „List der Vernunft"[43] ist meiner Meinung nach hier etwas erhellend, auch wenn er diese Formel in der „Enzyklopädie" in einem anderen Bedeutungskontext verwendet[44]. Die Geschichte, in der sich die Vernunft verwirklicht, gehe nicht aus individuellen Zielsetzungen hervor, sondern folge einer eigenen Logik. Die Vernunft wirke sozusagen in ihrer Verwirklichung durch das Individuum hindurch und eine Betrachtung lediglich der Handlungen und Eigenschaften der Individuen und die Bewertung dieser als alleinige Gründe des geschichtlichen Verlaufes führe somit an der Wahrheit der Geschichte und des Geistes vorbei.

---

39 Vgl. a.a.O. S. 9.
40 Vgl. a.a.O. S. 10.
41 Vgl. a.a.O. S. 10.
42 a.a.O. S. 11.
43 Jaeschke, Walter: Hegel Handbuch. Leben – Werke – Schule, Stuttgart 2010², S. 411.
44 Vgl. a.a.O. S. 411.

2.2 § 378: Abgrenzung zu nicht-philosophischen psychologischen Disziplinen des Geistes und die Einführung der philosophischen Spekulation in die Philosophie des Geistes

Auch die empirische Psychologie könne nicht zur philosophischen Betrachtung des Geistes gezählt werden. Sie habe ausschließlich den *„konkreten* Geist"[45] zum Gegenstand, sprich: bestimmte, anschauliche Geistvermögen wie das Fühlen oder das Denken. Da diese Disziplin so das Metaphysische ausklammere und jegliche spekulative Betrachtung des Geistes vermeide, gehe sie an einer philosophischen Betrachtung des Geistes vorbei. Eine spekulative Betrachtung des Geistes wieder zu etablieren sei eine Aufgabe der Philosophie des Geistes und als Orientierung für diese Operation solle die aristotelische Philosophie dienen[46]. Nach Fulda verstehe Hegel unter philosophischer Spekulation die „Synthesis von Reflexion und intellektueller Anschauung"[47]. Diese Anschauung wiederum begreife Hegel als das Erfasstwerden der absoluten Idee[48]. Dies interpretiere ich folgendermaßen[49]: Für diese Synthesis müsse die menschliche Vernunft, die Ganzheiten erfassen könne[50], die verstandesmäßige Erkenntnis, die „Momente, die in der Wirklichkeit verbunden sind, in der Reflexion aus ihrem lebendigen Zusammenhang herauslöst und isoliert denkt"[51], in dieser Reflexion auf bestimmte Weise führen: An endlichen Bestimmungen, die einander paarweise entgegengesetzt seien und die dem Verstand zur besagten Reflexion vorgesetzt werden sollen, müsse eine Reflexion des Verstandes einsetzen, die eine Verbindung mit der absoluten Idee in Bezug auf diese Bestimmungen zulasse.[52]

Im Zusatz wird die rationelle Psychologie ebenfalls als nicht philosophische Betrachtung des Geistes abgetan. Sie betrachte den Geist lediglich als erscheinungsloses Wesen und beschreibe ihn nur mit abstrakten, allgemeinen Bestimmungen. Die konkrete, bzw. erscheinende, empirische Seite des Geistes werde somit ausgeblendet. Zudem versuche diese Disziplin, den Geist durch die Kategorien des Verstandes zu bestimmen, was jenen zu einer unbeweglichen, festen Entität reduziere. Denn durch den Versuch dieser Bestimmung seien der ruhende und feste Charakter dieser Kategorien auf den Geist übertragen worden[53]. Er sei, so wie ich es verstehe, beispielsweise als an Raum und Zeit gebunden vorgestellt worden oder als eine Entität, die an die Relation von Ursache und Wirkung gebunden sei. Diese Bestimmungen würden aber an der Wahrheit des Geistes vorbei gehen, den Hegel

---

45 Hegel: Enzyklopädie III, S. 11.
46 Vgl. a.a.O. S. 11.
47 Fulda: Hegel, S. 71.
48 Vgl. a.a.O. S. 70.
49 Was Hegel genau unter Spekulation und intellektueller Anschauung versteht, kann hier aus Platzgründen nicht behandelt werden. Es handelt sich hier um eine verkürzte Darstellung. Für eine detailliertere Erklärung siehe Fulda: Hegel, S. 64 f.
50 Vgl. Röd: Weg der Philosophie II, S. 249.
51 a.a.O. S. 249.
52 Vgl. Fulda: Hegel, S. 71.
53 Vgl. Hegel: Enzyklopädie III, S. 11 f.

hier als das „absolut Unruhige"[54] und als „Sich-von-sich-selbst-Unterscheiden"[55] beschreibt und welcher „nur durch die bestimmten Formen seines notwendigen Sichoffenbarens in Wahrheit wirklich"[56] sei. Diese drei Zitate verdienen sicherlich eine ausführlichere Beschreibung, da sie wesentliche Aspekte des Geistes umschreiben. Hier sei zu den ersten beiden des Kontextes halber erwähnt, dass dem Geist nach Hegel ein bewegendes Prinzip inne wohne, was er Dialektik nennt[57]. Dieses Prinzip besagt, es sei positives Moment des Geistes, sich auf dem Weg der Verwirklichung zur absoluten Idee, deren Erscheinungsweise dieser darstelle, sich in Aufhebung von Selbstwidersprüchen zu immer höheren Synthesen zu bewegen und letztlich zu einer „letzten und umfassenden Synthese"[58] zu gelangen, in der die Vernunft sich gänzlich durchsichtig werde. Das dritte Zitat zeigt, dass es zur Verwirklichung der absoluten Idee gehöre, sich in Erscheinungen des Wissens der Idee um sich, sprich: in Form des Geistes, zu manifestieren und daher nicht nur die Untersuchung der logischen Idee, sondern auch besagte Erscheinungen als relevant für die Erkenntnis des Geistes zu erachten seien.

Mit dieser Mahnung lässt sich meiner Meinung nach der Anspruch im Zusatz erklären, dass nur eine Betrachtung des Geistes als spekulativ zu erachten sei, wenn sie deren „konkret allgemeine Natur"[59] zum Gegenstand habe. Im Anschluss an das oben Ausgeführte liefert meiner Meinung nach die verstandesmäßige Erkenntnis die konkrete und die vernunftmäßige die allgemeine Natur des Geistes, sofern denn die Ganzheiten, die von der Vernunft gedacht werden können, als Allgemeines bei Hegel gelten. Diese beiden Erkenntnisweisen gelte es dann meiner Interpretation nach unter der Führung der Vernunft in einer spekulativen Philosophie zu synthetisieren.

Aus der Forderung Hegels, die philosophische Spekulation in die Geistphilosophie einzuführen, erklärt sich die weitere Kritik an der empirischen Psychologie im Zusatz: Der Betrachtung der einzelnen, geistigen Vermögen in dieser Disziplin gehe nicht der Begriff des Geistes vorher, sondern jene würden einfach aus der Vorstellung als gegebene aufgenommen werden. Würde der Begriff des Geistes oder die absolute Idee dieser Betrachtung vorhergehen, könnte die Notwendigkeit der Existenz dieser Vermögen durch ihre Ableitung aus diesem Begriff unternommen werden. Doch auf beschriebene Weise der empirischen Psychologie würden die Vermögen als zufällig in ihrer Existenz gelten, auf keine ursprüngliche Einheit zurück gehen und einer innerlichen Beziehung zueinander entbehren[60].

---

54 a.a.O. S. 12.
55 a.a.O. S. 12.
56 a.a.O. S. 12.
57 Vgl. Fulda: Hegel, S. 95.
58 Röd: Weg der Philosophie II, S. 257.
59 Hegel: Enzyklopädie III, S. 12.
60 Vgl. a.a.O. S. 12 f.

2.3 § 379: Selbstgefühl des Geistes und die Dringlichkeit der spekulativen Betrachtung

Es scheint nach Hegel ein intuitives Selbstgefühl im Menschen bezüglich der absoluten Idee zu geben, die seinem Geist, der Teil der Verwirklichung jener Idee darstelle, in der Genese seiner einzelnen Vermögen vorhergehe und eine Einheit jener stifte[61]. Die Betrachtungsweise der empirischen Psychologie impliziere aber eine Zersplitterung der Einheit des Geistes in separate, unabhängige Vermögen und durch diese Zersplitterung werde dieses Selbstgefühl meines Verständnisses nach in Frage gestellt: Wenn die geistigen Vermögen als isolierte und selbstständige betrachtet werden würden, müsste man sich den Geist im Ganzen als ein Resultat von unabhängig voneinander bestehenden Determinanten vorstellen. So könnte dem Geist keine autonome Einheit zugerechnet werden, die den einzelnen, geistigen Vermögen vorhergehe und sie bestimme. Den Umstand, dass diese Einheit, die ich als die absolute Idee verstehe, dem Geist inhärent sei und die Genese aller geistigen Vermögen aus dieser bestimmt werde, beschreibt Hegel nach meiner Interpretation als „*Freiheit* des Geistes"[62]. Und die besagte Zersplitterung lege jedoch den Gedanken des „*Determiniertwerden* desselben"[63] nahe und fordere das beschriebene Selbstgefühl heraus, das Hegel hier als vor-philosophische Instanz für die Wahrheit der Einheit des Geistes ins Feld führt[64]. Dieses Selbstgefühl reiche aber nicht aus, um der Existenz dieser Einheit Evidenz zu verschaffen und den durch die empirische Psychologie entstandenen Widerspruch von Freiheit und Determination des Geistes aufzuheben. Dazu bedürfe es der spekulativen Betrachtung und Hinweise für dieses Desiderat würden die Ergebnisse des animalischen Magnetismus und der seinerzeit neuen Entwicklung in der Philosophie liefern. Dies soll nun expliziert werden.

Der zu Zeiten Hegels populäre animalische Magnetismus geht von einer dem Elektromagnetismus analoge Kraft im Menschen aus, welche als das zentrale Agens des menschlichen Organismus zur Steuerung von Nerven, Muskeln und Körpersäften zu betrachten sei. Diese Kraft durchströme alle Organismen und das All in Form von Zirkulationen. Die Vorstellung dieser Kraft setze die „festen Verstandesunterschiede [in Bezug auf den Geist, A.L.] in Verwirrung"[65]. Die bereits beschriebene verstandesmäßige Erkenntnis komme nach der Erforschung des Geistes durch den animalischen Magnetismus in ihrem Versuch, den Geist durch Übertagung der eigenen Kategorien zu fixieren und zu erklären, zu keinem kohärenten Bild. Denn jener zeige, dass der Geist nicht an Ort und Zeit und an den Zusammenhang von Ursache und Wirkung gebunden sei[66], er also nach den Kategorien des Verstandes nicht zu denken möglich sei. Die Erscheinungen des animalischen Magnetismus mache

---

61 Vgl. a.a.O. S. 13.
62 a.a.O. S. 13.
63 a.a.O. S. 13.
64 Vgl. Fulda: Hegel, S. 160.
65 Hegel: Enzyklopädie III, S. 13.
66 Vgl. a.a.O. S. 16.

in der Betrachtung des Geistes ein „Fortschreiten von der gewöhnlichen Psychologie zum begreifenden Erkennen der spekulativen Philosophie notwendig"[67]. Nur solch ein Philosophie wäre zu einer Erkenntnis der allgemeinen und konkreten Natur des Geistes, welche zusammen deren Wahrheit ausmache, in der Lage und dazu müsse die verstandesmäßige Erkenntnis durch die philosophische Spekulation ergänzt bzw. durch die Vernunft im oben beschriebenen Sinne angeführt werden.

Laut des Zusatzes habe sich die Philosophie zu Hegels Zeit von der „endliche[n] Betrachtungsweise des nur reflektierenden Denkens"[68], womit hier vor allem eine Philosophie nach C. Wolff gemeint ist und von der Philosophie J.G. Fichtes, die über die „Tatsachen des Bewusstseins"[69] nicht hinaus gehen würde, zu einer Disziplin entwickelt, die den Geist als die sich selbst wissende Idee betrachte. Und dieser Geist würde als etwas Lebendiges erachtet werden, der sich auf eine notwendige Weise von sich selber unterscheide und „aus seinen Unterschieden zur Einheit mit sich"[70] fortbewege. Diese Entwicklung in der Philosophie mache meines Verständnisses nach nicht nur eine spekulative Betrachtung des Geistes nötig, da nur eine solche wie bereits ausgeführt die Einheit des Geistes erkennen könne und eine verstandesmäßige Erkenntnis dazu nicht hinlange, sondern diese Entwicklung stellt meiner Meinung nach selber die Rehabilitierung der spekulativen Philosophie dar, indem sie ein Konzept des Geistes liefert, der die sich selbst wissende Idee sei und so seiner Natur nach zur intellektuellen Anschauung, dem Erfassen der absoluten Idee, in der Lage sei und getrieben werde.

Nach der Methode dieser neuen Philosophie und damit auch Hegels Philosophie des Geistes müsse jeder Gegenstand in seiner absoluten Notwendigkeit aufgezeigt werden, indem er „aus dem sich selbst hervorbringenden und verwirklichenden allgemeinen Begriff oder der logischen Idee abgeleitet wird"[71]. In Bezug auf die Spezifika des Geistes bedeutet dies, dass jede seiner partikularen Eigenschaften aus der Perspektive der absoluten Idee, die diesen in ihrer Genese vorhergehe und deren Verwirklichung er darstelle, betrachtet und aus dieser abgeleitet werden müsste[72]. Jede dieser Eigenschaften und jedes geistige Vermögen habe in dieser Betrachtung keinen isolierten Stellenwert, sondern ihnen komme lediglich die Aufgabe zu, Stufen in der Verwirklichung des Geistes als absoluter Idee zu sein[73]. Damit sei nicht gesagt, sie seien für die Erkenntnis der absoluten Idee nicht relevant, gehört doch auch das Konkrete, die Erscheinungen des Geistes, zur Verwirklichung dieser Idee. Doch kommt ihnen, so wie ich es verstehe, ihr Wert nur im Kontext dieser Verwirklichung zu.

---

67 a.a.O. S. 16.
68 a.a.O. S. 13.
69 a.a.O. S. 13.
70 a.a.O. S. 14.
71 a.a.O. S. 14.
72 Vgl. a.a.O. S. 14.
73 Vgl. a.a.O. S. 15.

Weiterhin wird im Zusatz die Eigenbewegung des Begriffs oder der logischen Idee zur Verwirklichung betont, die sich durch seine unruhige Natur ergebe. Diese resultiere daraus, dass der Begriff
den „Widerspruch der Einfachheit und des Unterschieds in sich"[74] schließt, womit meiner Meinung
nach wieder auf die Dialektik als das dem Geist innewohnendem Prinzip rekurriert wird. So wie wir
zur Selbsterkenntnis, Verwirklichung der Idee zu sein, keine externe Kraft benötigten würden, so
benötigte aufgrund der Selbstbewegung des alles durchziehenden Begriffs kein Gegenstand solche
externe Kraft und so sehen wir nach Hegel „der eigenen Entwicklung des Gegenstandes gleichsam
nur zu"[75]. Dass diese Methode der neuen Philosophie also jeden Gegenstand aus der absoluten Idee
ableite, sei keine willkürliche Operation menschlicher Erkenntnis, sondern diese Ableitung liege an
sich vor.

Im Zusammenhang dieser Verwirklichung führt Hegel an, dass der Verwirklichung des Begriffs eine
natürliche Grenze inhärent sei. Und diese Grenze sei erreicht, wenn „er sich eine ihm völlig entspre-
chende Wirklichkeit gibt."[76] Hegel verdeutlicht dies am Beispiel eines sinnlich vorhanden Begriffs[77]: Der Begriff einer Pflanze enthalte bereits alle potentiellen Eigenschaften der Pflanze in
sich. Erst wenn sich alle Eigenschaften verwirklicht hätten, sei die natürliche Grenze der Verwirklichung erreicht. Bei dem Geist verhalte es sich genauso: Erst wenn alle seine potentiellen Eigenschaften verwirklicht seien, gelange der Begriff des Geistes zu seiner natürlichen Grenze. Dies bedeutet für Hegel konkret: „[Wenn] der Geist zum vollkommen Bewusstsein seines Begriffs gelangt ist,"[78] sich also gänzlich durchsichtig geworden sei.

Durch diese Bewegung der Selbstverwirklichung seines Begriffes werden dem Geist im Zusatz die
Qualitäten zugesprochen, wahr, lebendig, organisch und systematisch zu sein. Analog dazu könne
der Wissenschaft vom Geiste, mit welcher, so wie ich es sehe, die Philosophie des Geistes gemeint
ist, ebenfalls diese Qualitäten zugesprochen werden, da nur sie diese Qualitäten in der Natur des
Geistes erkennen könne. Sowohl die rationelle als auch die empirische Psychologie würden hingegen durch ihre Betrachtungsweisen das Lebendige am Geist, das ich hier als das sich Verwirklichen
betrachte, abtöten, weswegen ihnen diese besagten Qualitäten nicht zugesprochen werden könnten.
Die erstere, da sie den Geist von seiner Verwirklichung bzw. seinen Erscheinungen abscheidet und
die letztere, weil sie ausschließlich die Erscheinungen des Geistes zum Gegenstand habe, diese isoliert voneinander und aus keinem Begriff hervorgehend betrachte.[79]

---

74 a.a.O. S. 14
75 a.a.O. S. 14.
76 a.a.O. S. 15.
77 Mir wird der Unterschied zwischen einem sinnlich vorhandenen Begriff und dem Begriff, auf den Hegel sich in
   diesen Paragraphen sonst bezieht, nicht klar. Ich nehme an, dass die sinnlich vorhandenen Begriffe Ausdrücke des
   Begriffes sind und somit Ausdrücke der logischen Idee.
78 a.a.O. S. 15.
79 Vgl. a.a.O. S. 15.

2.4 § 380: Schwierigkeiten in der Betrachtung der konkreten Natur des Geistes

Da die besonderen Stufen der Verwirklichung des Begriffs des Geistes nicht als gesonderte Existenzen zurückbleiben würden, komme es zu Schwierigkeiten in der Betrachtung dieser besonderen Stufen. Denn auf dem Weg zur Verwirklichung des Begriffs des Geistes, die erlangt sei, wenn der Geist zum vollkommenen Bewusstsein seiner selbst gelangt sei, würden die Vorstufen, so wie ich es verstehe, immer nur im Zusammenhang mit der vollkommenen Verwirklichung denkbar bzw. als solche erkennbar sein. Die niedrigeren Stufen zur vollkommenen Verwirklichung seien, um diese qua niedrigere Stufen des Geistes erklären zu können, immer an die höheren Entwicklungsstufen gebunden. Erst wenn diese verwirklicht seien, könnten diese als Vorstufen erkannt werden[80]. So sei eine isolierte Betrachtung dieser Stufen zumindest schwierig.

Hegel kontrastiert, dass eine Betrachtung der Vorstufen der Entwicklung des Begriffs in der äußeren Natur hingegen möglich sei[81]. Da diese Erklärung meiner Meinung nach nur der Illustration oder Kontrastierung der bereits beschriebenen Schwierigkeiten der Betrachtung der Vorstufen der vollen Entwicklung des Geistes dienen, sei auf diese hier aus Platzgründen verzichtet.

---

80 a.a.O. S. 16 f.
81 Vgl. a.a.O. S. 16 f.

Literaturverzeichnis

Primärquellen

Hegel, G.W.F.: Enzyklopädie der philosophischen Wissenschaften III, Frankfurt am Main 2014[9].

Sekundärliteratur

Fulda, H. F.: Georg Wilhelm Friedrich Hegel, München 2003.

Röd, Wolfgang: Der Weg der Philosophie Band II. 17. bis 20. Jahrhundert, München 1996[2].

Jaeschke, Walter: Hegel Handbuch. Leben – Werk – Schule, Stuttgart 2010[2].